AF253864

DIEU NE LES VEUT PAS.

Imprimé par Plon frères, 36, rue de Vaugirard.

DIEU NE LES VEUT PAS

OU

LES RÉVOLUTIONNAIRES

PEINTS PAR EUX-MÊMES;

PAR

ALPHONSE BALLEYDIER.

Prix : 25 centimes.

PARIS,

Chez DENTU, PALAIS NATIONAL, GALERIE VITRÉE, 13;

JEANNE, PASSAGE CHOISEUL, 68;

et chez tous les libraires.

1849.

INTRODUCTION.

Dans tous les temps les révolutionnaires ont inventé pour leur haine systématiquement féroce un mot, qui devenant d'abord une insulte pour leurs adversaires politiques, les désignait plus tard aux passions populaires sinon aux poignards des assassins.

Ce mot a varié sous tous les régimes politiques. Sous la première république, les *mis hors la loi*, condamnés à la lanterne ou à la guillotine, s'appelaient aristocrates et muscadins. Sous l'Empire, les parias politiques étaient des royalistes et des chouans. Sous la Restauration, le parti libéral découvrit dans ses colères les jésuites et les ultra. La Révolution de 1830 vit éclore par le brûlant soleil de juillet, les carlistes; enfin la République démocratique et sociale de 1848 jette incessamment à la face de l'immense majorité de la nation, l'épithète de réactionnaire.

Eh bien! oui, nous sommes réactionnaires! Nous sommes franchement, ouvertement, sciemment réactionnaires; mais vous, messieurs.... pardon.... citoyens, veux-je dire, connaissez-vous bien la valeur de ce mot que vos lèvres et vos écrits convertissent en injure.

La réaction en physique est la résistance d'un corps frappé à l'action du corps qui le frappe.

Il en est de même dans l'ordre politique et moral. D'autre part, la réaction est toujours égale à l'action. Cela posé, nous serions encore en reste de compte avec vos feuilles subversives dont l'exagération sinistre assombrit chaque matin le présent de la chose publique, compromet son avenir et jette comme un voile sanglant sur la magnifique devise que vous a prêtée le christianisme : *liberté*, *égalité* et *fraternité* !

Oui, nous sommes réactionnaires ! nous le sommes, parce que la réaction est le calme qui succède à la tempète. La réaction, c'est l'ordre qui résiste au désordre, c'est la civilisation qui lutte contre la barbarie ; c'est la digue des fleuves devenus torrents ; c'est le mors du cheval indompté, c'est le frain de la locomotive lancée à toute vapeur sur le chemin du progrès.

Tout instrument qui frapperait sans résistance, agirait dans le vide, dans le néant ; la liberté sans limites produit la licence.

Quand un corps malade arrive sans réaction à l'agonie, la mort est inévitable.

Lorsque les ancres d'un navire qui file à la côte, se brisent, le naufrage est certain.

Si la réaction n'avait jeté les ancres du salut, le vaisseau de l'État serait en pleine dérive. Point d'illusion : la France souffre aujourd'hui, elle est frappée au cœur ; le choléra social, autrement plus dangereux que le choléra asiatique, s'infiltre dans ses veines et déchire ses entrailles. Le bleu cadavérique est la conséquence immédiate du virus rouge importé de la montagne.

Cet état de choses est proche de la mort. Dieu ne veut pas qu'il dure davantage. Dieu ne veut pas que des brouillons ambitieux et des empiriques impuissants maintiennent, sans réaction, la France dans ces agitations fiévreuses et dans ces crises permanentes qui tuent. Dieu aime trop la France, sa fille aînée parmi les nations, pour assister froidement au spectacle de ses douleurs. Dieu, qui a ressuscité Lazare, ne veut pas que la France meure. Dieu sauvera la France, et en la sauvant il délivrera le monde de ces échappés de Charenton, qui croient immortaliser leur nom en incendiant la société, comme autrefois Erostrate a fait du temple de Diane. Malheureux insensés !

En attendant ces jours meilleurs, réactionnaires amis, nos frères, honnêtes gens et bons citoyens de tous les partis, serrez, serrez vos rangs ; opposez-les aux progrès envahisseurs des flots de la barbarie qui monte. Unissez-vous contre les tentatives désespérées et les derniers efforts des ennemis de l'ordre, de la famille, de la propriété, et sous l'œil de Dieu, qui *ne les veut pas*, vous triompherez.

DIEU NE LES VEUT PAS.

PREMIÈRE PARTIE.

CHAPITRE PREMIER.

Lorsque des publicistes, des historiens, des poëtes même ont le triste courage de se faire les apologistes des crimes qui ont fait jadis de la France un vaste cimetière détrempé dans des flots de sang ; lorsqu'ils osent étaler devant tous sur le piédestal de la réhabilitation ; que dis-je ? lorsqu'ils peuvent impunément présenter, pour ainsi dire, à l'adoration de leurs fidèles et sur les autels de la démocratie socialiste les sinistres figures de Marat, de Saint-Just et de Robespierre, le silence serait un crime.

Nous aurons, nous, le courage plus facile, car il est celui de l'honnête homme et du bon citoyen, nous aurons le courage d'opposer à l'audace du mensonge l'énergie de la vérité.

Procédant mathématiquement, l'histoire à la main, nous dissiperons les ténèbres de l'erreur, nous déchirerons le voile qui recouvre des mystères d'iniquité, nous arracherons le masque de l'hypocrisie, dussions-nous le briser sur les faces qu'il recouvre ; nous montrerons enfin ce que la

France était véritablement sous le règne de ces proconsuls tant vantés, et de ce qu'elle fut alors nos lecteurs jugeront ce qu'elle deviendrait demain si par impossible les espérances des mêmes hommes se changeaient en réalisation.

La liberté, qui élève le patriotisme au-dessus de la peur, inspire le courage d'exposer dans toute leur nudité, pour qu'ils servent d'épouvantail, les ennemis de l'ordre humanitaire et les tyrans de la société. Dénoncer le crime, démasquer les faux patriotes, c'est de tous les devoirs civiques le plus sacré, le plus utile au repos de la société. Ce devoir est notre droit..., nous en userons.

Après les sinistres journées du 10 août, des 2 et 3 septembre, la terreur répandit son voile lugubre sur le ciel de Paris. La capitale de la France, naguère si riche et si prospère, échangea sa brillante livrée de luxe contre celle de l'indigence. Paris, privé de la présence vivifiante de ses habitants les plus riches, partis les uns pour les croisades de l'émigration, les autres pour leurs châteaux lointains, Paris n'offrit bientôt plus qu'un aspect triste et désolé. Plus de carrosses, plus de brillants équipages, plus de bals de nuit, plus de fêtes de jour; les lieux publics deviennent déserts; un voile de deuil obscurcit tous les visages; une inquiétude vague, indéfinie, précédait la terreur. Le 21 janvier est arrivé... Dès lors la révolution triomphante ne connut plus d'entrave, et la terreur, ayant le bourreau pour premier ministre, trôna sans obstacle sur l'échafaud de la place Louis XV (style réactionnaire).

L'aspect de Paris devint plus sombre encore. Aux paisibles promeneurs succédèrent des bandes de sans-culottes armées de piques et vociférant des chants de mort contre les aristocrates.

Malheur alors aux figures honnêtes, aux habits décents que la fatalité jetait sur leur passage. La probité était un signe de suspicion, la suspicion devenait un arrêt de mort, et cet arrêt s'exécutait dans les vingt-quatre heures.

Le jour commençait à peine à baisser que les citoyens se renfermaient dans leurs maisons, tremblants d'en être enlevés pendant la nuit. Nuit pleine d'anxiété, dont le silence n'était interrompu que par la voix fatale des crieurs publics hurlant les décrets de la Convention et la longue liste des suppliciés.

La liberté n'est qu'un problème dont la solution réelle se trouve en la tombe.

La fraternité de Caïn anime le cœur de tous les démagogues qui, plus audacieux que le meurtrier d'Abel, dédaignent l'ombre des forêts pour l'exécution de leurs crimes. Dans leurs mains le glaive d'acier a remplacé la massue fratricide, et c'est en plein soleil qu'ils assouvissent leur soif dans le sang de leurs victimes.

Le niveau de l'égalité se promène indistinctement sur toutes les têtes. Les lèvres de l'enfance, enlevées aux caresses maternelles, apprennent à blasphémer Dieu. Les regards de la jeune vierge se reposent en rougissant sur l'impudique nudité que les révolutionnaires encensent et divinisent en Raison : Folie ! Le fils est enlevé à l'autorité du père, et la fille, arrachée aux bras de sa mère, reçoit une prime de cinq cents livres si, foulant aux pieds la sainteté du mariage, elle met ses entrailles fécondes au service de la patrie. Infamie !

Le vêtement du galérien a remplacé l'habit de velours et or. Le bonnet rouge, la carmagnole et les sabots jouissent sans partage des faveurs de la mode.

Le ridicule broche partout sur l'absurde, qui renchérit lui-même sur l'ignoble.

S'il était facile à tout citoyen de retrouver la porte de sa maison, sur laquelle, sous peine d'être considéré comme suspect, il devait inscrire son nom en très-gros caractères, il ne lui était pas toujours possible de désigner la rue qu'il habitait. Les rues, les places publiques, les sections changeaient, à l'exemple d'un grand nombre de terroristes, leurs noms contre des noms plus caractéristiques et plus révolutionnaires.

Aux spectacles, fréquentés uniquement par les sans-culottes, on entonnait avant le lever du rideau la *Marseillaise*, dont le dernier couplet était chanté à genoux devant le public, obligé lui-même de se prosterner devant les magiques effets de ce chant de guerre si tristement profané !

Un acteur profitait d'un entr'acte pour venir annoncer aux spectateurs le nom des victimes qui avaient péri dans la journée sur l'échafaud. L'acteur terminait ce sanglant martyrologe par une chanson fort en vogue, dont voici le refrain que le parterre était forcé de répéter en chœur :

> Ils ont fait une oraison,
> Ma gainguairaingon,
> A sainte Guillotinette
> Ma guinguérainguette,
> Ils ont fait une oraison
> Pour le citoyen Pluton.

Il n'y avait plus de culte, plus de religion. La prière publique, chassée des temples du Seigneur, se reléguait au fond des cœurs. Les autels avaient été brisés sur les cadavres mutilés de leurs ministres ; les images sacrées avaient été brûlées et dispersées au vent de la *Montagne*. La Table sainte était déserte ; la nappe virginale de la Pâque céleste était maculée de sang. Des chants d'enfer remplaçaient les pieux cantiques, et là où naguère le Christ rédempteur recevait les adorations des hommes, la débauche déifiée recevait un impudique encens.

Dispersés çà et là par la tourmente révolutionnaire qui les avait oubliés aux Carmes, quelques prêtres déguisés se glissaient dans l'ombre de la nuit pour administrer l'agonie des mourants, pour bénir le linceul des morts, ou bien encore pour célébrer au péril de leur vie les divins mystères de la religion. Les clochers des églises étaient silencieux, car l'airain du Seigneur s'était fondu en canons homicides pour donner à la mort le plomb volé aux tombeaux profanés des rois.

La croix, signe de salut et d'espérance, n'accompagnait plus le chrétien à sa dernière demeure ; la couronne d'immortelles, la branche de cyprès n'ombrageaient plus la fosse commune où le jetaient indécemment deux hommes de peine, alors que ses parents ou ses amis, au lieu de donner à sa mémoire les larmes du regret, enviaient son sort.

Plus d'académies savantes, plus de colléges, plus d'écoles même, car la fatalité de la révolution préconisant l'ignorance, pèse aussi bien sur l'intelligence du riche que sur celle du pauvre.

Les monuments publics offrent-ils aux regards des passants un souvenir historique, un emblème qui rappelle des jours qu'ils pourraient regretter, ils sont aussitôt mutilés ou abattus.

Un citoyen des plus écarlates, qui devint plus tard un des agents les plus actifs de la haute police impériale, propose, dans une séance de la Commune, d'incendier les bibliothèques, et, chose incroyable et pourtant vraie, cette motion est accueillie par des acclamations d'enthousiasme et des trépignements de joie.

Cet homme n'eut pas même le mérite de l'initiative : il avait été devancé dans cette œuvre de destruction par le fameux Condorcet, qui, du haut de la tribune de l'Assemblée nationale, prononça, le 19 juin 1792, le discours suivant, que nous livrons à l'admiration de l'école démocratique et sociale.

« C'est aujourd'hui l'anniversaire de ce jour
» mémorable où l'Assemblée constituante en dé-
» truisant la noblesse a mis la dernière main à
» l'édifice de l'égalité politique. Attentifs à imi-
» ter un si bel exemple, vous l'avez poursuivie
» jusque dans les dépôts qui servent de refuge à
» son incorrigible vanité.

» C'est aujourd'hui que, dans la capitale, la
» *Raison* brûle aux pieds de la statue de Louis XIV
» les immenses volumes qui attestaient la vanité
» de cette caste.»

L'orateur aurait pu dire avec plus de vérité : « Les immenses volumes qui attestaient les innombrables services rendus à la patrie, ses grandes batailles, ses conquêtes, sa gloire, ses splendeurs, sa prépondérance en Europe et son élévation au rang de la première nation du monde. » Poursuivons le discours de Condorcet :

« D'autres vestiges, ajoute-t-il, subsistent en-
» core dans les bibliothèques publiques, dans les
» chambres des comptes, dans les chapitres à
» preuves et dans les maisons des généalogistes.
» Il faut envelopper ces dépôts dans une destruc-
» tion commune.

» Vous ne ferez point garder aux dépens de
» la nation ce ridicule espoir qui semble menacer
» l'égalité. Il s'agit de combattre la plus ridicule
» et la plus incurable de toutes les passions. En
» ce moment même elle médite encore le projet
» de deux chambres ou d'une distinction de
» grands propriétaires, si favorable à ces hom-
» mes qui ne cachent plus combien l'égalité pèse
» à leur nullité personnelle.

» Je propose, en conséquence, de décréter que
» tous les départements sont autorisés à brûler les
» titres qui se trouvent dans les divers dépôts. »

Après avoir accueilli cette harangue incendiaire
par des transports d'enthousiasme, l'Assemblée
nationale, décrétant l'urgence, adopta à l'unani-
mité le projet de Condorcet.

Plus tard, en 1793, le ministre Roland, qui
voulait éclairer les vivants avec de l'huile extraite
des ossements des morts, écrivit aux conserva-
teurs de la bibliothèque, pour leur enjoindre de
livrer tous les manuscrits aux flammes des bû-
chers civiques.

Plus tard encore, les membres du comité de
salut public décrétèrent que les armes de la
France seraient immédiatement enlevées des livres de la bibliothèque. Ils firent plus : afin
d'exécuter plus promptement ce décret, ils trai-
tèrent avec un vandale et conclurent pour cette
entreprise un marché qui devait coûter aux cais-
ses de l'Etat la modique somme de *un million
cinq cent mille francs.*

Le cabinet des médailles fut également dé-
noncé au nom du progrès des lumières, et les
médailles d'or et d'argent furent condamnées au
voyage de l'Hôtel de la Monnaie, pour y être
fondues.

Pendant ce temps-là, les amis des arts, les penseurs, les artistes, les poëtes, tout ce qui avait conservé un peu de chaleur au cœur et du cœur dans la poitrine, étaient dispersés, proscrits, incarcérés ou jetés à l'acier des sinistres faucheurs, qui avaient mis la France en coupes réglées.

Rien n'était épargné, ni l'âge, ni le sexe, ni le génie, ni la vertu; que dis-je! la vertu et le génie devenaient même des arrêts de proscription.

« En faveur de la mémoire de mon père, accor-
» dez-moi la vie, je suis le fils de Buffon, » disait un malheureux condamné.

« —Ta recommandation est par trop *bouffonne*, » s'écria l'un des juges en riant de son affreux jeu de mots, et le fils du grand naturaliste mourut.

« J'avais encore quelque chose là, » disait André Chénier en marchant au supplice, et il montrait sa tête.

Condorcet le brûleur de livres s'empoisonne en maudissant la révolution; Chamfort attente également à sa vie; Dubuisson, Linguet, Durosoy sont envoyés à l'échafaud. Durosoy demanda pour unique grâce que sa mort servît au moins à l'humanité; il conjura ses juges de faire sur lui l'expérience de la transfusion du sang.

Lavoisier, condamné à mort, implore un sursis de quelques jours pour achever une expérience. — La République n'a pas besoin de savants, lui répond-on, et le sursis lui est impitoyablement refusé.

Voltaire et Rousseau, ces deux grands précurseurs de la révolution, auraient été condamnés tous deux; le premier pour avoir dit que le pire des gouvernements était celui de la canaille, le second pour avoir écrit que c'était payer trop cher une révolution que de l'acheter par une seule goutte de sang. Camille Desmoulins lui-même, Camille le farouche tribun, est mis hors la loi pour avoir osé écrire dans le dernier numéro de son journal, le *Vieux Cordelier*, que, parmi tant de tribunaux et de comités de sang, il en fût au moins institué un de clémence.

Ce mouvement réactionnaire, comme on le dirait aujourd'hui, fut son arrêt de mort.

« Quel âge as-tu ? » lui demanda-t-on au tribunal.

— L'âge fatal aux révolutionnaires, répondit-» il, l'âge du sans-culotte Jésus, trente-trois ans. »

« Voilà donc, » s'écria-t-il au moment suprême en frappant du pied l'échafaud et en portant la main à son front, « voilà donc la récompense » réservée au premier apôtre de la liberté ! » La liberté, hélas ! Mirabeau le lui avait dit un jour : « *La liberté est une prostituée qui ne vend ses fa-* » *veurs que sur des matelas de cadavres.* »

En effet, la liberté révolutionnaire, arrivée à l'état de licence, est une infâme courtisane qui vend ses caresses au prix du sang. Le dernier mot de la liberté de 1793, implacable, inexorable comme la fatalité antique, était la mort !

La mort pour celui qui ne révélait pas un complot ; la mort pour celui qui recevait une lettre de l'étranger ; la mort pour celui qui recueillait un proscrit ; la mort pour le général qui battait l'ennemi ou s'en faisait battre ; la mort partout, la mort toujours, la mort quand même.

Aussi vit-on alors le pauvre dénoncer le riche, le domestique dénoncer son maître, le frère dénoncer son frère, l'enfant dénoncer son père ; mais on ne vit jamais de père dénoncer son enfant.

Et voilà l'époque que les révolutionnaires de 1848 voudraient nous donner pour modèle ! voici les tristes jours qu'ils regrettent dans leur souvenir et qu'ils évoquent dans leurs espérances! Vain désir! ces tristes jours ne reviendront jamais, CAR DIEU NE LES VEUT PAS.

CHAPITRE II.

Un historien a dit que la vérité perdait souvent ses droits dans l'invraisemblance. On comprend cet axiome à la vue du sombre tableau de la terreur; cependant jamais tableau ne fut plus vrai. Continuons-en l'examen, poursuivons-le rapidement, à vol d'oiseau, dans son ensemble et dans quelques-uns de ses détails; ravivons ses couleurs pâlies par le demi-siècle écoulé entre nous et les artistes de la Convention qui ont peint avec du sang et à coups de guillotine la page immense de la première révolution, et que de notre rapide analyse il en sorte au moins un enseignement : l'horreur pour le passé et l'expérience pour l'avenir.

Un jour, que vingt-huit individus avaient été condamnés, en moins d'une heure, par une seule des sections du tribunal (on avait fini par le diviser en deux chambres, afin qu'il *expédiât* plus promptement les prévenus), le bourreau, après avoir achevé l'opération de la toilette, s'aperçut qu'il lui manquait une victime. Ne pouvant découvrir le personnage absent et ne voulant pas qu'il manquât quelque chose au dénoûment du drame qui allait se jouer ce jour-là sur la place de la Révolution, il se tourna vers les prisonniers de la Conciergerie qui n'avaient point encore été condamnés, et leur dit : « Citoyens suspects, arrangez-vous comme il vous plaira, je m'en f…. mais ce qu'il y a de certain, c'est qu'il m'en faut encore un, et que je ne partirai pas sans l'avoir obtenu.

— Ma foi, dit un des prisonniers, un jour de plus ou de moins, ce n'est pas une affaire, et puis-que l'espérance n'est plus de ce monde, mieux vaut mourir aujourd'hui que demain, emmenez-moi, si vous le désirez. »

Par ce moyen, le bourreau compléta sa liste.

A Lyon, plusieurs centaines de condamnés se dirigeaient vers le champ funèbre des Brotteaux, où les attendaient les mitrailles de Collot-d'Herbois. L'un des sicaires du proconsul marchait en serre-file, auprès des tambours, lorsqu'il reçut en plein sur la tête le contenu parfumé d'un plat à barbe. Il n'y a qu'un aristocrate qui puisse se servir aujourd'hui d'eau de cologne pour sa toilette, s'écrie-t-il, qu'on l'arrête à l'instant. Cinq minutes après, un malheureux jeune homme, fort connu pour ses idées républicaines, augmenta le nombre des suppliciés.

A Marseille, un représentant du peuple en mis-sion reçut également sur la tête le contenu d'un vase qui renfermait autre chose que des eaux par-fumées et aristocratiques. L'infortuné Marseillais pris en flagrant délit avait oublié *le passares na-tional*. Cela sent trop le *sans-culotte*, s'écria le représentant, réactionnaire pour la première fois de sa vie, et il fit arrêter le délinquant qui paya de sa tête un inconcevable oubli.

Comme on tuait, qu'on tuait beaucoup et qu'on voulait tuer encore, la commune de Paris, plus sanguinaire à elle seule que toute la Convention, imagina une mesure qui devait donner un nouvel essor au mouvement révolutionnaire, retardé par l'épuisement des listes de proscription, plus encore peut-être que par la lassitude des bourreaux. A l'instigation de son procureur général, le citoyen Chaumet, elle fit passer à tous les districts de la république une instruction ou signalement auquel on devait reconnaître les *suspects*, c'est-à-dire ceux que l'on devait arrêter d'abord et tuer ensuite.

A la longue nomenclature de ces signes de suspicion qui ouvraient un si vaste champ à l'arbitraire de l'erreur, aux désirs de la vengeance, à l'ambition des intérêts et qui n'exceptaient personne, pas même Chaumet, qui périt un des premiers sous les coups de la loi qu'il avait faite ; à cette nomenclature, disons-nous, se trouvait jointe une instruction particulière établissant que tous les individus désignés étaient autant de *pierres d'achoppement* qu'il fallait briser et réduire en poudre.

Ces instructions parvenues à l'un des cent mille districts de la république, les cinq membres qui le composaient cherchèrent immédiatement si, dans l'étendue de leur juridiction, il n'y avait pas un citoyen entaché de ce signe prévaricateur.

Après un sérieux examen, l'un d'eux s'écria : J'ai trouvé un suspect! Où et comment ! —Est-ce que près d'ici, il n'y a pas un citoyen qui s'appelle Pierre par son baptême ? — C'est vrai. — Ce Pierre ne se nomme-t-il pas Choppement par sa famille ? —C'est encore vrai. — Ce Pierre Choppement n'est-il pas celui que nous désigne la circulaire de la commune de Paris. —C'est toujours vrai.... et le malheureux Pierre Choppement, livré le jour même au tribunal révolutionnaire de la ville voisine, paya de sa tête une fausse interprétation de l'ignorance égale à la férocité.

De ce fait isolé, nous pourrions presque dire comme le poëte latin :

Ab uno disce omnes.

Car en ce temps-là l'ignorance marchait l'égale de la terreur.

Dans les champs de la destruction, nos modernes montagnards, qui préconisent incessamment la splendeur de cette période révolutionnaire où tout fut bouleversé, remis en question, ont uniquement raison en ce sens que les persécutions les plus odieuses enfantèrent les plus sublimes courages et les plus généreux dévouements.

Il est magnifique, ce Fénelon, qui, ajoutant un nouveau lustre à un nom déjà tant illustré, monte sur le char mortuaire en disant à son vieux domestique qui le mouillait de ses larmes : « Va, mon ami, console-toi ; il n'est pas si difficile de mourir que je le pensais. »

Il est bien beau, cet Isabeau de Monval, qui, ayant longtemps siégé avec le parlement dans la salle principale du tribunal révolutionnaire, répond fièrement à Fouquier, qui lui demande s'il reconnaît ces lieux : « Oui, je les reconnais, et je » veux t'en fournir une preuve : c'est ici où na- » guère l'innocence jugeait le crime et où le crime » aujourd'hui égorge l'innocence. »

Il est superbe comme la vérité, cet Angrand Dalleray, qui, traîné devant le tribunal révolutionnaire pour avoir fait parvenir un peu d'argent à ses fils émigrés, répond à l'émissaire de ses bourreaux que ses cheveux blancs ont émus et qui l'invitent à nier le fait : « Remerciez ces messieurs ; » les quelques jours qui me restent à vivre ne va-

» lent pas la peine d'être rachetés par un men—
» songe. »

Et cette jeune fille de dix-sept ans, si belle,
si pure, qui devait porter notre nom, et qui, se
frayant un passage au pied de l'échafaud, entre
le bourreau et notre oncle, la victime, lui dit
en lui montrant le ciel : « Les hommes qui nous
» séparent aujourd'hui n'empêcheront pas Dieu de
» nous rejoindre demain. »

Et cette autre jeune femme qui répondit à ses
juges lui offrant comme un abri certain les couleurs du sans-culottisme : « La mort plutôt que la
» souillure de cette infâme livrée du crime ! » Sont-
elles admirables toutes deux !

Assez de détails comme cela, car il nous faudrait
des volumes pour décrire toutes les atrocités de ces
horribles temps ; abordons-en l'ensemble, et d'a-
près notre récit les lecteurs jugeront s'il est possible que Dieu soit assez irrité contre nous *pour les
vouloir encore* et nous envoyer un second déluge
de sang.

Le plus grand écrivain des temps modernes a
dit que, si, taisant ce que la révolution a fait de
bien, on retraçait l'histoire de cette révolution par
ses crimes, sans ajouter un seul mot, une seule
réflexion au texte, cette tête de Méduse ferait re-
culer le genre humain jusqu'aux dernières bornes
de la servitude.

Chateaubriand a raison, et ils sont atrocement
stupides, ces théoristes de révolutions qui, ne cher-
chant plus même à justifier les excès de l'ère sanglante de 1793, se font de leur plume d'oie un
scalpel d'acier pour préparer la société humaine
à leurs nouvelles expériences.

Voyons le résultat des anciennes... et appré-
cions.

Le premier numéro du Bulletin des lois contient le décret qui institue le tribunal révolutionnaire : on maintient ce décret à la tête du recueil pour en faire une espèce d'épée de Damoclès. Ce décret prononce que la seule peine reconnue applicable par le tribunal révolutionnaire est invariablement et sans exception la peine de mort.

L'article 9 de ce même décret est plus explicite, il autorise tout citoyen à saisir et à conduire devant les magistrats les conspirateurs et les contre-révolutionnaires. L'article 13 va plus loin, il dispense de la preuve testimoniale ; enfin l'article 16, couronnant ce chef-d'œuvre d'iniquités, prive de défenseur tous les prévenus d'aristocratie. Ce tribunal était sans appel.

Point de dénégations…, ; le *Moniteur* est l'évangile de la révolution, le *Moniteur* est inflexible comme un chiffre, et le chiffre est la preuve de l'histoire.

Le républicain Prudhomme, qu'on ne saurait sans injustice accuser de réaction, nous a légué six volumes de détails que nous recommandons à nos amis et surtout à nos adversaires politiques.

Deux de ces volumes, dont chaque ligne est écrite avec du sang, et dont chaque lettre est une tête d'homme, forment un dictionnaire complet où tous les suppliciés sont inscrits avec leur nom, prénom, âge, lieu de naissance, qualité, domicile, profession, date et motif de la condamnation forcée et lieu d'exécution.

On trouve parmi les guillotinés dix-huit mille six cent treize victimes réparties de la manière suivante :

Ci-devant nobles,	1,278
Femmes —	750
Femmes de laboureurs et d'ouvriers,	1,467

Religieuses,	350
Prêtres,	1,135
Hommes non nobles et de divers états,	13,633
Total,	18,613

Femmes mortes par suites de couches prématurées,	3,400
Femmes enceintes,	348
Femmes tuées dans la Vendée,	15,000
Enfants —	22,000
Hommes —	900,000
Total,	940,748

Victimes sous le consulat de Carrier, à Nantes :

Enfants fusillés,	500
— noyés,	1,500
Femmes fusillées,	264
— noyées,	500
Prêtres fusillés,	300
— noyés,	460
Nobles noyés,	1,400
Ouvriers, artisans,	5,300
Victimes à Lyon,	31,000

Dans ces diverses catégories, qui enveloppent dans une proscription générale toutes les classes de la société, ne sont pas compris : les victimes massacrées à Versailles, aux Carmes, à l'Abbaye, à la glacière d'Avignon ; les fusillés de Toulon et de Marseille ; les suppliciés de Moulins, de Feurs et les égorgés de la petite ville provençale de Bedoin, dont la population périt tout entière. Pour l'exécution de la loi des suspects décrétée le 24 septembre 1793, plus de cinquante mille comités révolutionnaires couvrirent la surface de la France.

D'après les calculs d'un homme qui ne sera pas suspecté de mensonge ou d'impartialité, car cet homme n'est autre que le conventionnel Cambon, ces repaires de crime coûtaient annuellement aux pauvres contribuables 591,300,000 fr... Ne niez rien, citoyens démocrates et socialistes de 1849, ne niez pas ; le calcul du démocrate Cambon est exact, l'opération est juste : essayez-en la preuve vous-mêmes, nous allons vous aider. Chaque membre de ces comités recevait 3 fr. par jour, et ils étaient cinq cent quarante mille. Multipliez les 365 jours de l'année par 3, vous trouverez 1,095 fr. qui, servant de multiplicateur à 540,000, vous donneront bien réellement 591,300,000 fr. Ces cinq cent quarante mille membres étaient autant d'accusateurs ayant droit, pour ainsi dire, de vie et de mort.

Et, chose digne de remarque! ce ne sont pas seulement des nobles, des prêtres, des religieux qui figurent dans ces listes funèbres comme des cadavres sur les tables de marbre des amphi-théâtres (on *comprendrait ces justes sacrifices à la patrie* vengée par la mort de *ses éternels* ennemis); mais nous rencontrons dans les colonnes de notre addition dix-huit mille neuf cent vingt-trois noms d'ouvriers et d'artisans, deux mille deux cent trente et un noms de femmes de paysans, deux mille noms d'enfants guillotinés, noyés ou fusillés. Des femmes! des enfants! horreur! Il appartenait à cette épouvantable époque qui, de nos jours, trouve des apologistes, de donner au monde civi-lisé le spectacle impitoyable de femmes et d'en-fants tombant en masse sous les coups de l'assas-sinat juridique!

A notre tour soyons sans pitié, nous! Que dans nos mains notre plume devienne un poignard, non pour tuer (les honnêtes gens n'assassinent pas), mais pour imprimer en caractères d'acier une éternelle flétrissure au front de ces modernes apôtres de la terreur, que ces lignes tracées avec la fièvre du dégoût et le dégoût de l'horreur soient le *Mane, thecel, phares* de leur condamnation. Oui, soyons sans pitié pour eux ! Respect à leurs personnes ! mais guerre à mort à leurs doctrines ! Lutte inexorable sans trêve et sans merci à leurs utopies subversives. Flagellons leurs actes de nos plumes, souffletons-les avec les pages de l'histoire qu'ils voudraient ressusciter, frappons sans miséricorde. Ne les voyez-vous pas ? Ils se ruent comme des oiseaux de proie sur la société, qu'ils voudraient réduire à l'état de cadavre. Repoussons donc leurs attaques. Il suffit de secouer contre eux la poussière sanglante figée au linceul de la terreur. Ce linceul arboré par l'histoire sera pour eux le fantôme dont nos frères des campagnes se servent pour abriter les fruits de leurs vergers, l'épi de leurs moissons contre les injures des oiseaux du ciel.

Ils voudraient faire de la société un nouveau champ de ruines, ils voudraient l'ensemencer avec des cadavres pour y récolter je ne sais quelle société impossible dont le germe est le grain de folie qui ne féconde que des chimères ; ils voudraient ce que Dieu et nous ne voulons pas : défendons-nous donc avec les armes de la raison, défendons la société qui croule de toutes parts, vengeons-la dans son passé en le racontant... Poursuivons...

Les femmes les plus belles, raconte un historien de ce temps-là, Riouffe, l'ami de Vergniaud et de madame Rolland ; les femmes les plus belles, les plus jeunes et les plus intéressantes tombaient pêle-mêle dans le gouffre des prisons, dont elles sortaient pour aller par douzaine inonder l'échafaud de leur sang.

On eût dit que le gouvernement était dans les

mains de ces hommes dépravés qui, non contents d'insulter au sexe par des goûts monstrueux, lui vouaient une haine implacable. De jeunes femmes enceintes, d'autres qui venaient d'accoucher, et qui se trouvaient encore dans l'état de faiblesse qui suit ce grand travail de la nature respecté par les peuples les plus sauvages; d'autres, dont le lait s'était arrêté tout à coup ou par frayeur ou parce qu'on avait arraché leurs enfants à leurs mamelles, étaient nuit et jour précipitées dans ces abîmes.

Elles étaient traînées de cachots en cachots, leurs faibles mains comprimées en d'indignes fers, quelques-unes mêmes portaient un collier au cou. Elles y entraient, les unes évanouïes et portées dans les bras des guichetiers qui en riaient, d'autres, en cet état de stupéfaction qui ressemble à la folie. Dans les derniers mois qui ont précédé le 9 thermidor, le mouvement des prisons rappelait l'activité des enfers. Jour et nuit les verrous s'agitaient; soixante personnes arrivaient le soir pour aller à l'échafaud; le lendemain elles étaient remplacées par cent autres que le même sort attendait le jour suivant.

Quatorze jeunes filles de Verdun, d'une beauté sans pareille, d'une candeur sans exemple, qui avaient l'air de jeunes vierges, parées pour une fête publique, furent menées ensemble à l'échafaud. Elles disparurent tout à coup tristement moissonnées dans leur printemps. La cour où elles avaient été renfermées ressemblait le lendemain de leur mort à un parterre dégarni de ses fleurs par un orage.

Vingt femmes du Poitou, pauvres paysannes pour la plupart, furent également assassinées ensemble : « Je les vois encore, » dit le témoin oculaire qui nous a transmis ces détails ; « je les » vois encore, ces malheureuses victimes étendues » dans la cour de la Conciergerie, accablées de la » fatigue d'une longue route et dormant sur le » pavé... Au moment d'aller au supplice, on ar- » racha du sein d'une de ces infortunées un enfant » qu'elle nourrissait, et qui au moment même » s'abreuvait d'un lait dont le bourreau allait » tarir la source. O cris de la douleur maternelle, » vous fûtes déchirants, mais sans effet. »

Les honnêtes gens, les réactionnaires de ces tristes temps, ne trouvaient pas même un refuge dans la mort. Les bourreaux ont guillotiné un certain nombre de cadavres de femmes mortes de peur dans la fatale charrette qui les conduisait au supplice.

Du matin au soir, le bruit sourd du couteau marquait les heures du jour, et le sang coulait à flots si pressés que, pour le recevoir et le voiturer, un aqueduc avait été creusé à la place Saint-Antoine. Tous les jours le sang humain se puisait par seaux, et quatre hommes étaient occupés, au moment des exécutions, à le vider dans cet aqueduc.

C'était vers trois heures après midi que ces longues processions de victimes descendaient au tribunal et traversaient lentement, sous de longues voûtes, au milieu des prisonniers qui se rangeaient en haie pour les voir passer avec une avidité sans pareille. « J'ai vu, » ajoute toujours le même nar- rateur, « j'ai vu quarante-cinq magistrats du par- » lement de Paris, trente-trois du parlement de » Toulouse aller à la mort du même air qu'ils » marchaient autrefois aux cérémonies publiques ; » j'ai vu trente fermiers généraux s'avancer d'un » pas calme vers la guillotine ; j'ai vu les vingt-

» cinq premiers négociants de Sedan plaindre en
» allant à la mort les dix mille ouvriers qu'ils al-
» laient laisser sans pain et sans ouvrage ; j'ai vu
» tous ces généraux que la victoire venait de
» couvrir de lauriers, qu'on changeait soudain en
» cyprès, marcher silencieusement au supplice...
» Ils avaient su vaincre... ils ne voulaient plus
» que mourir. »

Les bourreaux, ces hommes si tristement prônés,
luttaient entre eux de rage, d'infamie et de cruau-
tés. Dans les départements du Nord, c'était Lebon
qui, dans les jours de fête, faisait dresser l'échafaud
auprès de l'orchestre et criait aux jeunes filles qui
l'entouraient : « Suivez la voix de la nature, livrez-
» vous au plaisir, abandonnez-vous dans les bras
» de vos amants ! » Des enfants qu'il avait cor-
rompus lui formaient des gardes et se faisaient les
espions de leurs parents.

A Nantes, c'était Carrier qui cherchait à sur-
passer ses collègues en férocités. Par ses ordres
quatre-vingts femmes extraites de l'entrepôt furent
fusillées, et leurs cadavres nus restèrent exposés
pendant trois jours aux injures du temps et des
hommes.

Cinq cents enfants des deux sexes, dont le plus
âgé n'avait pas quatorze ans, sont conduits au
même endroit pour y être fusillés. On connaît ses
mariages républicains et l'attention qu'il portait à
ce que le prêtre fût accouplé nu au corps nu de
la femme qui devait lui servir de compagne dans
les flots de la Loire.

A Lyon, c'est Collot-d'Herbois, le mauvais his-
trion, qui se venge des sifflets qu'il a reçus sur
la scène de cette ville en faisant mitrailler ses
plus généreux enfants.

Collot-d'Herbois, qui fait abattre des maisons qui

l'empêchaient de voir, à l'heure de ses repas, les exécutions qu'il avait ordonnées la veille ou le jour même.

C'est Chalier qui, dans la même ville, s'élance le lendemain du 21 janvier sur une table de club et s'écrie en foulant aux pieds l'image crucifiée de la rédemption : « Nous avons tué le tyran des » corps, il nous faut tuer le tyran des âmes. »

Bientôt la délation et l'assassinat ne suffirent plus à l'ambition démocratique de ces modernes Attilas à visage humain, mais au cœur de tigre. Repus de sang, ils veulent se gorger d'or. Ils sont conséquents : assassins, ils doivent être voleurs, car le vol est le fils aîné du meurtre. C'est ainsi que partout ils décrètent des emprunts forcés qui frappent, comme toujours, sur le malheureux peuple.

Tandis que leurs bourreaux battent monnaie sur la place publique, ils s'en vont, eux, dans les maisons particulières pour jeter la tête des suppliciés dans la balance de Brennus en s'écriant : « *Væ victis !* malheur aux vaincus. »

A Lyon ils décrètent *un emprunt forcé* réalisable dans les vingt-quatre heures ; et, sous le prétexte de percevoir les six millions exigés, ils prélèvent la somme énorme de quarante millions. Ce n'était pas assez pour ces hommes que d'accaparer la fortune des honnêtes gens, ils joignirent l'épigramme à la spoliation. Rien n'est plus extraordinaire que la rédaction des taxes de ces contributions forcées.

Nous croyons devoir en donner quelques extraits que nous empruntons à une copie déposée aux archives du comité de salut public : elle est inventoriée et paraphée... Qui sait si elle n'aurait pas servi de modèle à la perception du milliard décrété 50 ans plus tard par le citoyen Barbès?

TAXES.

Lamarche et Bruyère
Ont agioté avec beaucoup d'activité; nous estimons
qu'ils peuvent facilement offrir à la patrie 80,000
livres.

Laugier et Gerard
Ont aussi beaucoup agioté; mais, comme ils
n'ont pas réussi, ils ne peuvent *offrir* que 40,000

Ant. Combe père et fils
Ont un peu agioté; mais, comme ils ont été
modérés, nous *modérons* leurs *dons* pa-
triotiques à   10,000

J.–M. Degraix.
Comme son patriotisme n'est pas violent, *il
ne donnera que*   50,000

J. Gerard
Est riche, dépense peu; il doit sans se fâ-
cher *offrir*   50,000

Félix.
Comme cela pourrait priver quelques prêtres
de ses gratifications, il *offrira* en expia-
tion   25,000

Delessert et fils
N'ont point agioté, ont beaucoup perdu;
nous bornons leur *offre* à   30,000

Lemoine,
Malgré les préjugés, peut offrir   8,000

Bœuf frères
Sont riches; mais l'aîné, ayant beaucoup
d'enfants, *n'offrira* que   15,000

Claudine Allard
Offrira sans se faire prier   5,000

La peur de la guillotine aidant, ces taxes furent bientôt perçues. Aussi le citoyen Gaillard s'écriait-il dans le délire de sa joie : « O sainte » guillotine, que tu as de vertus ! » Et il ajoutait : « Soyez tranquilles, chers camarades, tant qu'elle » sera permanente nous aurons de l'argent plus » que nous ne pourrons en dépenser. »

Et voilà les hommes et les choses que des publicistes et des poëtes préconisent en les offrant à l'admiration publique ! Voilà les choses et les hommes que les modernes théoriciens de la terreur voudraient ressusciter !.. Insensés qui jouent avec les flammes de l'incendie et secouent sur le monde la tunique de Déjanire !.. Stupides ignorants qui ferment le cœur et les yeux aux leçons de l'histoire !.. Superbes présomptueux qui croient façonner à leur taille une société nouvelle avec ces deux mots : *Egalité, Liberté.*

La liberté ! Mirabeau l'a dit, la liberté est *une prostituée qui ne vend ses faveurs que sur des matelas de cadavres.* Il aurait pu ajouter que le baiser de ses lèvres est la dent qui déchire, et que ses caresses sont les étreintes convulsives de l'agonie aux prises avec la destruction.

L'égalité ! Collot-d'Herbois l'a dit un jour à Robespierre, *il n'y a qu'un sot qui puisse croire à l'égalité !*

Prenez-en note et conservez-en le souvenir, ô vous tous qui vous faites les architectes de cette tour de Babel, dont vous jetez les fondements dans l'idée socialiste ; la liberté et l'égalité, comme vous les comprenez, conduisent inévitablement à la confusion des langues, qui sera l'éternelle confusion de vos implacables doctrines. Arrêtez-vous donc, il en est temps encore. Halte ! dans les chemins de la perdition où vous désirez entraîner

la patrie. Halte ! écoutez la grande voix que vient
de sceller l'illustre tombe de Saint-Malo ; c'est à
vous qu'elle revient après avoir passé par le cœur
des hommes que vous cherchez à réhabiliter.

« En vain, les équarrisseurs de chair humaine
» diront que, dans leur fabrique de pourriture et
» de sang, ils tirent d'habiles ingrédients des car-
» casses industriellement pilées, ces manufactu-
» riers de cadavres auront beau broyer la mort,
» ils n'en feront jamais sortir un germe de li-
» berté, un grain de vertu, une étincelle de gé-
» nie. »

C'est ainsi que Chateaubriand a jugé vos hommes, messieurs les citoyens de la terreur. Ce nom
vous paraît-il suspect? Soit ; invoquons-en un autre. Citons celui d'un grand orateur que vous ne
récuserez pas sans doute, car il a ouvert les voies
de 1830, il aura plus d'autorité sur vous, car
il a beaucoup fait pour la liberté : écoutez l'ap-
préciation de Benjamin Constant, écoutez... la
voix qui nous vient des tombeaux est la voix de
Dieu qui *ne vous veut pas :*

« La terreur, dit-il, la terreur n'a produit au-
» cun bien. Ce régime abominable n'a point,
» comme on l'a dit, préparé le peuple à la liberté;
» il l'a préparé à subir un joug quelconque. Il a
» courbé les têtes, mais en dégradant les esprits,
» en flétrissant les cœurs ; il a servi pendant sa
» durée les amis de l'anarchie, et son souvenir
» sert maintenant les *amis de l'esclavage et de*
» *l'avilissement de l'espèce humaine.* »

N'oubliez pas que c'est Benjamin Constant qui
parle... écoutons-le encore :

. . . .

« Je n'aurais pas rappelé, ajoute-t-il, de si
» tristes souvenirs, si je n'avais pensé qu'il im-

» portait à la France, quelles que soient désor-
» mais ses destinées, de ne pas voir confondre ce
» qui est digne d'admiration et ce qui est digne
» d'horreur. Justifier le régime de 1793, peindre
» du forfait et du délire comme une nécessité qui
» pèse sur les peuples toutes les fois qu'ils es-
» saient d'être libres, c'est nuire à une cause sa-
» crée plus que ne lui nuiraient les attaques de
» ses ennemis les plus déclarés... »

N'oubliez pas que c'est Benjamin Constant qui
parle, écoutez-le toujours :

. . . .

. . . .

« Séparez donc soigneusement les époques et
» les actes; flétrissez ce qui est éternellement
» coupable; ne recourez pas à une métaphysique
» abstraite et subtile, pour prêter à des attentats
» l'excuse d'une fatalité irrésistible qui n'existe
» pas; n'ôtez pas à vos jugements toute autorité,
» à vos hommages toute valeur. »

N'oubliez pas que c'est Benjamin Constant qui
vient de parler ainsi, et si vous êtes hommes à
profiter de ses leçons, remerciez ma plume d'a-
voir recueilli, pour vous les transmettre, les con-
seils qui sont tombés de ses lèvres.

Voici le portrait ou plutôt l'esquisse abrégée
des hommes de la première république peints par
eux-mêmes... Dieu ne les a pas voulus... Crayon-
nons, s'il est possible, dans une seconde partie, le
portrait des hommes qui, par leurs fautes, leurs
crimes, leur ignorance, ont compromis la seconde
révolution, et de cette informe tête de Méduse il
résultera pour nous la preuve certaine que Dieu
ne les veut pas.

DIEU NE LES VEUT PAS.

SECONDE PARTIE.

CHAPITRE PREMIER.

Les mêmes causes produisent toujours les mêmes effets. L'incendie, sans pompes pour le combattre, embrase ; le fleuve débordé, sans digues pour l'empêcher de devenir torrent, submerge ; la liberté, sans frein pour régulariser sa marche, devient licence, et alors dans les flammes de l'incendie, sous les flots du torrent, dans les excès de la licence, les façades des somptueux édifices, les rivages du fleuve, la surface de la société disparaissent momentanément dans la dévastation.

La vieille société française, régénérée d'abord par le meilleur et le plus infortuné des rois, a finie par disparaître dans les excès et les crimes de la première révolution. La société nouvelle éprouvera le sort fatal de sa sœur aînée et disparaîtra, comme elle, dans quelque épouvantable catastrophe, si les honnêtes gens ne se groupent autour d'une idée commune et ne rallient dans l'unité les éléments divers qui, sans homogénéité, constituent le chaos.

Au moment où nous écrivons ces lignes, nos oreilles bourdonnent encore des incroyables paroles que l'un de nos modernes utopistes vient de jeter du haut de la tribune nationale. *Soyez-en sûr*, s'est écrié le prophète de l'erreur, l'almanach vivant du socialisme phalanstérien, *soyez-en sûr, l'année 1850 ne se passera pas sans que, d'une extrémité à l'autre de l'Europe, la société ne s'abîme dans une mer de feu et de sang.*

Notre pessimisme, tout croyant qu'il soit, ne va pas jusqu'à la prévision de cet immense cataclysme, qui constaterait la couardise des bons citoyens et le triomphe des pervers que Dieu *ne veut pas*. Cependant, insensé serait celui qui regarderait d'un œil impassible le flot envahisseur du socialisme qui monte... Quant à nous, jeunes hommes consciencieux, écrivains, soldats de la pensée, missionnaires du sens commun, sentinelles avancées de l'ordre, veillons, veillons sans cesse, que ce cri d'alarme retentisse d'un bout de l'Europe à l'autre : *Sentinelles, prenez garde à vous !*... L'émeute, écrasée sur tous les points, mais non vaincue, n'a pas encore dit son dernier mot ; elle aiguise ses poignards, elle astique ses armes, elle fond ses balles. *Sentinelles, prenez garde à vous !*... L'insurrection, aidée de la démocratie socialiste, flanquée de toutes les sectes enfantées par l'aberration et l'esprit du mal, rêve de nouvelles et sanglantes journées ; elle passe en revue les chiffres de ses cohortes secrètes, elle marque d'un signe invisible les maisons suspectes, elle dresse ses listes de proscription, elle enlumine son bonnet rouge déteint sous les belles paroles d'un poëte qui pouvait devenir un grand politique, s'il avait été moins faible, sous les boulets d'un général qui aurait pu devenir le chef de la France s'il avait été moins honnête citoyen... Sentinelles, prenez garde à vous !

Les hommes de février, les héros du boulevard des Capucines, les *charrieurs* de cadavres assassinés, les escamoteurs de la chose publique, les viveurs des Tuileries, les désorganisateurs du travail, les hommes du 15 mai, les vainqueurs enfin sans combat et les vaincus de l'opinion publique sont emprisonnés, proscrits ou mutilés; mais comme les serpents dont on n'a point encore écrasé la tête, ils se remuent en mille tronçons épars, ils aiguillonnent leur dard, ils ravivent le venin de leur poison... *Sentinelles, prenez garde à vous!*

Chez tous les peuples, les partisans de révolutions sont les mêmes : partout ils procèdent de la même manière, par le mensonge d'abord, et par le meurtre ensuite. Nous le démontrerons bientôt; en attendant prouvons, en esquissant le portrait des hommes de février, la vérité de l'axiome que nous avons cité au commencement de ce chapitre : *Les mêmes causes produisent toujours les mêmes effets.*

La monarchie de 1830, portée par le pavé de la Charte sur le trône de Louis XIV, reprend sur le pavé de la réforme le chemin de l'exil, parcouru dix-huit ans plus tôt par un enfant devenu plus tard l'héritier légitime du principe héréditaire.

Le château royal des Tuileries est envahi, saccagé, le trône de Louis-Philippe est porté triomphalement à la place de la Bastille pour y être livré aux flammes du bûcher civique ; le château royal de Neuilly, abandonné à la fureur d'une bande de lansquenets ivres, devient également la proie de l'incendie qui dévore une partie des envahisseurs. Les ponts sont détruits et coupés, les maisons de campagne deviennent la propriété de la rapine armée, la *raison* du plus fort a pris la place du droit, alors que la république a pris celle de la réforme. Paris, consterné, anéanti, écrasé comme par un coup de tonnerre, est en pleine révolution. Les destinées de la patrie voilée de deuil sont entre les mains de onze citoyens, dont l'assemblage hétérogène forme le gouvernement provisoire.

Dès lors, un vaste champ s'est ouvert à toutes les ambitions. La France se divise en deux camps, celui de la veille et celui *du lendemain* : le second, tremblant de peur, accepte ; le premier, ivre de joie, impose et se rue sur le cadavre de la monarchie pour s'en partager les lambeaux épars. Des régiments de solliciteurs, armés de pétitions, remplacent à l'Hôtel-de-Ville nos braves régiments, que la révolution, triomphante mais peu généreuse, vient de désarmer pour les faire passer sous ses fourches caudines.

La dynastie d'un journal d'opposition remplace la dynastie des d'Orléans, et, sous son inspiration peut-être, le gouvernement provisoire commet une première faute, *un anachronisme politique*, en abolissant les titres et les armoiries. Il en commet bientôt après une seconde qui jettera éternellement une tache originelle sur le berceau de la république : il proclame et institue de sa propre autorité, sous la pression de la force ou de la crainte, le gouvernement républicain, après avoir solennellement déclaré que la nation entière serait convoquée pour régler elle-même la forme de ses nouvelles destinées gouvernementales.

Quelques jours à peine se sont écoulés depuis le 24 février, qu'un déluge de fautes sépare la monarchie de la république. Les fatales circulaires de Ledru-Rollin, stylées par un hermaphrodite, se répandent avec la rapidité de l'éclair d'un bout de la France à l'autre ; colportées par l'effroi général, elles rappellent les plus mauvais jours de la terreur, moins l'échafaud. Enfin l'impôt des 45 centimes achève de consterner les provinces, épouvantées par la présence tyrannique des commissaires que le gouvernement a expédiés pour présider à leur éducation républicaine.

Un *tolle* général s'élève contre ces proconsuls. La plus incroyable imprévoyance s'est manifestée dans le choix de ces hommes *de la veille*, pour la plupart véritables eunuques politiques : les uns sont criblés de dettes, les autres sont flétris par des condamnations ; ceux-ci n'ont pour unique recommandation que les plus fâcheux antécédents, ceux-là se distinguent par la plus complète ignorance. Partout les mêmes taches, partout les mêmes ombres, et pas le plus petit rayon pour colorer ces ténèbres d'iniquités. Un commissaire se fait assassin pour effacer dans le sang d'un camarade de prison le souvenir de sa captivité.

Bordeaux, Périgueux, Valence, Montauban, Besançon et plusieurs autres villes secouent le joug humiliant des proconsuls qu'on leur a imposés. Deux tailleurs dont les mémoires sont en souffrance reçoivent d'importantes missions à l'étranger. Un acteur de l'Opéra-Comique, changeant de scène, se rend en Italie pour jouer le rôle de diplomate que le gouvernement provisoire lui a tracé dans la pièce dramatico-comique de février.

Pendant ce temps, la révolution poursuit péniblement son cours à Paris ; en quelques jours, le crédit, perdu, s'avance rapidement sur le chemin de la banqueroute ; les sinistres commerciaux épouvantent chaque matin la France ; la confiance, cette fortune publique des nations, a fait faillite... La banque elle-même frémit sur ses tonneaux d'or... Le comptoir liquide, la boutique chôme, l'atelier se ferme, le rentier se ruine, le propriétaire s'appauvrit; tout le monde souffre... Ce qui n'empêche pas les chefs révolutionnaires de manger des filets de chevreuil à la purée d'ananas, et de crier du matin au soir : Vive la république démocratique ! La perturbation est à l'ordre du jour. En vain le préfet pittoresque de la police cherche à *faire de l'ordre avec du désordre*, l'anarchie règne partout.

Le gouvernement provisoire complique la situation en rendant la France ingrate envers un grand nombre d'officiers généraux admis à la retraite. En même temps d'inintelligentes razzias sont dirigées contre des employés, révoqués brutalement après avoir dépensé les plus belles années de leur vie dans les salles poudreuses des ministères. Il y a plus, on insulte à la noblesse du caractère français en rendant le peuple complice de ces brutalités et en inscrivant son nom à la tête de ces listes de destitution, ainsi conçues :

Au nom du peuple français,

Est révoqué le citoyen, etc....

Le niveau destructeur ne respecte pas davantage le temple de Thémis ! l'inamovibilité est détruite, les magistrats sont suspendus, et l'on voit, chose incroyable et pourtant vraie ! des prévenus échanger la sellette de l'accusé contre le fauteuil du juge.

Si le désordre de l'anarchie est dans tous les esprits, dans tous les ressorts de la machine gouvernementale..., il déborde dans la rue. La circulation devient presque impossible sur les boulevards en deuil de leurs beaux arbres. Des marchands de bric à brac, des jongleurs, des colporteurs de jeux de bazars, des marchandes à la toilette, encombrent les trottoirs ; quelquefois même le tambour battant la générale sert d'accompagnement à des chansons obscènes ou révolutionnaires.

Depuis que la liberté publique bivouaque dans la rue, la liberté individuelle est esclave. Les gentilshommes de la blouse, inventeurs d'une aristocratie nouvelle, ont fait de chaque jour un Longchamp populaire. Du matin au soir on les rencontre par bandes se rendant, tambour en tête et bannières déployées, au Luxembourg ou à l'Hôtel-de-Ville. Ils vont trouver *leurs commis* pour leur *imposer pacifiquement* une augmentation dans le salaire et une diminution dans le travail.

Tantôt, n'écoutant que *leur bon plaisir*, ils plantent un arbre de la liberté, tantôt ils jettent dans la foule des pétards et font entendre des cris dans le genre de ceux-ci :

Aux armes ! Vengeons-nous, mourons...

Cet éternel refrain : mourir pour la patrie, est devenu tellement fastidieux qu'il fait regretter le plaisir de vivre pour elle.

Pour un léger blâme de journal, pour une remontrance d'un chef d'atelier, on a vu de ces nouveaux *aristocrates* se porter à l'imprimerie, menaçant de briser les presses, et se rendre ensuite chez leurs anciens patrons, menaçant de les pendre, leur montrant même au besoin la corde du supplice. Jamais *tyran couronné* n'eût osé faire en deux jours ce que ce *souverain absolu* a fait pendant plusieurs mois sans rencontrer l'ombre d'opposition.

Aussi tout périclitait-il alors : le commerce, la finance, l'industrie, la littérature, les arts, le luxe, les théâtres, les fêtes. Plus de fleurs, plus de bijoux, plus de riches livrées, plus d'équipages, plus de bottes vernies, plus de gants même ; chacun jalousait pour ainsi dire la main noire et calleuse de l'ouvrier, car alors chacun se disait artisan. Tous les fronts se courbaient dans l'égalité de la peur. En effet, la peur a été le caractère particulier, le signe distinctif de cette époque si rapprochée de nous ! Aujourd'hui même les témoins du drame de février ne pourraient croire, et nos descendants en douteraient, si l'histoire n'était là pour en témoigner, que pendant deux mois cinquante gamins ont dicté la loi à tout Paris chaque fois qu'il a convenu à leur caprice (ou chaque fois qu'ils ont été payés par des épiciers réformistes de la veille) de faire illuminer.

Le mot des lampions ! produisait l'effet d'une menace de mort ; aussi cinq minutes à peine suffisaient-elles à l'illumination complète des rues que la fantaisie des gamins avait choisies pour imposer leur puissante autorité.

On ne croira jamais que quatre cents hommes sans aveu ont occupé *militairement* pendant quinze jours le château des Tuileries, qu'ils y ont donné des bals et des repas splendides à des princesses errantes venues de Saint-Lazare, qu'ils ont fait servir à leur toilette la défroque de la cour de Louis-Philippe ; on ne croira jamais qu'ils ont traité pour ainsi dire officiellement non-seulement avec le général Courtais, mais encore avec des membres du gouvernement provisoire, et qu'ils ont dicté des conditions.

On ne croira jamais que ces conditions étaient celles-ci....

1° Une somme d'argent comme récompense nationale ;

2° Un certificat d'honneur rendant hommage à leur belle conduite ;

3° La faculté de sortir du château sans être soumis à l'opération d'une visite en règle.

On ne croira jamais que l'*un de ces héros* est mort de l'indigestion d'un diamant et que son cadavre a dû subir l'autopsie pour restituer ce trésor volé.

Et voilà les hommes qui ont contribué au succès du coup de main de la deuxième République! L'histoire de la première révolution, ainsi que nous l'avons vu, porte un signet de sang à chaque page; quel signet marquera les pages de celle-ci jusqu'au jour où le vote universel a fait justice?

Sur le manteau qui recouvre le pouvoir, n'importe le nom qu'il porte, la tache de sang ne serait-elle pas préférable à la tache de boue? Le terrible ne vaut-il pas mieux que l'ignoble?

L'*ignoble* était une des nombreuses conséquences de la peur que nous signalions plus haut. L'audace *du laid*, en dehors de toute répression, marchait le front haut et les coudées franches, elle s'étalait cyniquement sous toutes les formes, sur les murs des maisons, contre les étalages de la voie publique. Les affiches les plus ridicules, les placards les plus absurdes, assassinant à chaque ligne la langue française, faisaient assaut avec les sales caricatures et les inconvenantes lithographies, insultant à ce qu'il y a de plus sacré au monde.... à la majesté que les républiques anciennes ont toujours reconnue, la majesté du malheur!

D'autre part les professeurs, maîtres ès arts des religions nouvelles, l'abbé Chatel en tête, reparaissaient en grandes lettres sur les affiches jaunes de la publicité, et faisaient appel à l'apostasie.

Les temps étaient propices pour les renégats et les défroqués, ils croyaient qu'il n'y avait plus de justice.... L'un d'eux, l'abbé Auzou, reconnaît aujourd'hui, en expiant en prison son erreur, que la justice n'est pas toujours aveugle, comme les malheureuses dupes de leur ambition.

- Inaugurée en plein carnaval sous le manteau de la réforme, la République naissante a des côtés qui seraient plaisants, s'ils n'étaient si fatalement ridicules. Les vésuviennes irrésistibles de Bormes lui servent de nourrices et l'homme au feu grégeois compose des allumettes chimiques à l'usage des bourgeois réactionnaires. La trinité Proudhon-Cabet-Considerant devient le nouveau symbole des socialistes et fait concurrence à la religion dont Pierre Leroux est le grand prêtre, dont George Sand est la papesse.

L'inconséquence, sœur aînée de l'arbitraire, se manifeste dans tous les actes publics. Par son seizième bulletin, le ministre de l'intérieur menace la liberté de la presse reconnue par Louis Blanc *incompatible avec le règne de la république*, et il tolère les infâmes maximes du citoyen Proudhon, jetées comme un défi à la société, dans son livre intitulé : *Système des contradictions économiques ou philosophie de la misère.* Oh ! je veux vous le dire, il faut que vous les voyiez à nu ces Tyrtées de bas étage, qui voudraient se faire de la société un marchepied pour escalader les choses de Dieu ; il faut que vous les connaissiez par eux-mêmes ; ne craignez rien, le poison qui tue devient parfois un moyen de salut ; le même soleil qui durcit la boue fait fondre la cire.

- Ecoutez, c'est Proudhon qui parle à présent :

- « S'il est un être qui avant nous et plus que » nous ait mérité l'enfer, il faut bien que je le » nomme, c'est Dieu. Page 410.

. . . .

» Le premier devoir de l'homme intelligent et

» libre , c'est de chasser incessamment l'idée de
» Dieu de son esprit et de sa conscience. Page 414.

    » L'athéisme pratique doit être désormais la loi
» de son cœur et de sa raison. Page 434.

    » *Dieu, c'est le mal !*» Page 416.

Dans la même page, il prend Dieu à partie et il lui dit : Satan, c'est toi !

Devant de telles infamies , le cœur bondit dans la poitrine , et l'on se dit que le reptile qui jette ainsi sa bave empoisonnée contre l'objet de l'adoration des hommes est plus monstrueux que Julien l'apostat, qui lançait les flots de son propre sang contre le ciel.

La révolution de 1848 diffère de la première en ce sens que les pâles copistes des hommes de la terreur joueront dans l'histoire le rôle de la grenouille jalouse de l'ampleur du bœuf. C'est en vain que les nains voudraient s'élever à la taille des géants ; comme la grenouille, ils crèvent dans leur peau ; c'est en vain qu'ils grossissent la voix pour parodier les tonnerres de la Convention, leurs poumons sont des ballons gonflés, des vessies pleines de vent qui se dégagent au premier choc.

Ne croyez pas cependant que l'audace manque à nos Dantons de tribune, c'est le talent qui faillit à la tribune de nos Dantons. D'ailleurs l'audace n'est pas le courage, elle n'en est que le prestige, et il faut du courage véritable pour oser continuer l'œuvre des Titans de 1793. Cette tâche n'a pas été donnée aux pygmées de l'hôtel des Capucines, qui ne se distinguent que par leur impuissance et leur nullité. En regard de la première, révolution celle-ci s'est rapetissée. Ses grands hommes sont des petits Poucets de la veille et des eunuques du lendemain. Leur race dégénérée tourne au Lilliputien, ils ont troqué leurs habits de Robert Macaire contre le manteau des rois, et dans leurs mains le sceptre de la France est devenu la batte d'arlequin... Passons.

. Reprenons notre récit, suivons-les dans leur steeple-chase révolutionnaire, sur le terrain de l'absurde qui préside à tous leurs actes. Nous voici sur la place Vendôme... Quel est ce rassemblement de femmes? est-ce le bataillon des Vésuviennes? Non : ce sont les femmes sincèrement *républicaines* qui, sur la convocation d'une affiche jaune, se préparent à faire une manifestation en l'honneur du restaurateur du divorce en France. La première république payait cinq cents francs un bâtard ; ces *vertueuses* citoyennes sont moins exigeantes, elles en fabriqueraient pour un écu de cent sous, pour moins encore... Les voilà qui reprennent leur marche... poursuivons la nôtre... Encore une procession de femmes. Ce sont les blanchisseuses, où vont-elles? Offrir leurs félicitations et leurs services à la commission du Luxembourg... elles auront une fière besogne... plaignons-les... En route pour le Champ-de-Mars, c'est là qu'a lieu chaque jour la course au clocher des travailleurs. Quel est ce poteau? est-ce le poteau d'infamie rêvé par Louis Blanc en remplacement du hochet de la croix d'honneur? Non. Quelle est l'inscription qu'il supporte? *Défense de suer en travaillant sous peine de mort.* Jamais défense ne fut mieux observée? Deux cent mille bras sont *occupés à ne rien faire.* Ils reçoivent des sommes fabuleuses pour ce pénible labeur, qui, la plus grande partie du temps, est consacré à la lecture du *Père Duchêne* ou à l'exercice du jeu de bouchon.

La création des ateliers nationaux est l'une des plus mauvaises inventions de la révolution de février. Elle n'a servi, à bien dire, que les instincts du vice et de la paresse. Elle a été ruineuse sous le double point de vue de la richesse nationale et de la moralité publique. Pauvre France ! Malheureux contribuables !

Mais quels sont ces cris de mort, ces vociférations de cannibales ?.. Cette fois la manifestation de l'absurde a fait place à celle de l'horrible. Une bande de forcenés, excitée par des invalides égarés, insultent aux cheveux blancs d'un brave qui a reçu des lèvres de Napoléon le dernier soupir de l'empire ; ils menacent de la lanterne le vieux soldat que les balles étrangères ont épargné sur vingt champs de bataille ; ils outragent l'armée dans la personne du brave général Petit ! Place aux tigres et laissez passer la folie du peuple !..

Voici le soir, suivons au club le dévergondage de la rue... Quel vacarme, grand Dieu ! quelle douce excentricité de langage ! quelles aménités sociales et démocratiques ! quels sympathiques orateurs ! Celui-ci demande quinze cents têtes ; c'est un chapelier ou un coiffeur sans ouvrage. Celui-là en exige davantage ; c'est un égoïste qui ne redoute rien, car depuis longtemps il a perdu la sienne... D'après celui-ci, les bourgeois sont les ennemis du peuple ; d'après celui-là, les gardes nationales ont usurpé les fonctions du bourreau. Décidément le club est la succursale de Charenton, gare aux douches ! partons ; mais nous sommes tombés de Charybde en Sylla... encore une loge à folie. Cette loge vous représente le *club de la jeune Montagne*. Le président occupe la tribune ; de sa grosse voix, pleine d'outrecuidance, il domine l'inexpérience de ses jeunes disciples : regardez-le bien, ne trouvez-vous pas dans ses regards quelque chose qui ressemble à du Lacenaire? Vous ne vous trompez pas, car cet homme qui trône aujourd'hui sera arrêté demain par les gendarmes de Caussidière. Cet homme, qui pérore sous le nom de Michelot, n'est autre que le forçat Juin d'Allas, condamné en 1840 aux travaux forcés à perpétuité. Assez d'infamies comme cela! terminons plus gaiement notre soirée... Où allons-nous? Aux Funambules, voir Debureau?.. Non... allons voir de préférence le divertissement *Joco serio* que la citoyenne Niboyet donne dans la salle des Spectacles-Concerts au modique prix de un franc par barbe, prrrenons nos billets. Du fauteuil de la présidence, la citoyenne Niboyet s'élance à la tribune ; le divorce est la question du jour, et la citoyenne Niboyet tient à honneur de prendre l'initiative de la discussion. Elle est convaincue à l'endroit du mariage, que moins l'on se voit, plus l'on s'aime, et de cette conviction elle déduit cette conséquence parfaitement logique à son point de vue, que l'on devra s'adorer alors qu'on ne se verra plus du tout !

Mais quelle tempête de cris s'élève au dehors? on dirait la tourmente du 15 mai ! Tout à coup on annonce que la salle des séances sera bientôt violée. A ce mot, les fondatrices du club féminin se pâment d'aise.... vaine espérance ! un commissaire annonce presque aussitôt que l'enceinte du sanctuaire sera respectée ; un désappointement immense obscurcit le front des dames du bureau.

Ce soir-là, les gamins de Paris, voulant réparer sans doute leurs erreurs passées, ont accueilli la sortie de ces dames en chantant, sur l'air des Lampions, un refrain composé d'un seul mot que notre plume n'ose retracer, quoiqu'il ait été illus-

tré par Molière et consacré par les applaudisse-
ments du grand roi au palais de Versailles.

Mais laissons le côté comique des hommes et
des choses de la révolution de Février, prenons
son côté sérieux s'il existe, et voyons comment
elle a profité de l'expérience du passé pour assurer son avenir. Un de ses principaux griefs
contre la monarchie, c'était la prodigalité des
hommes du pouvoir, leur soif d'honneurs et de
gros émoluments, la carrure des fonds secrets, etc.
Non-seulement elle suit les mêmes errements,
mais elle les surpasse encore par la folie de ses
prodigalités.

Des sommes immenses sont enfouies, chaque
jour, dans le gouffre des ateliers nationaux. Des
misères gratuites et parasites puisent largement,
à titre de secours, dans les coffres de l'Etat. Des
allocations aussi fastueuses qu'exagérées en faveur
de quelques élus imposent aux propriétaires des
charges d'autant plus lourdes, que d'un côté
l'impôt des quarante-cinq centimes augmente
leurs redevances, et que d'autre part la perception de leurs revenus, quand ils l'exigent, est ir-
réalisable sous la menace du sinistre drapeau
noir. Dans les mains des hauts et puissants sei-
gneurs, un morceau du budget devient un os jeté
à l'avidité de leurs créanciers ; le budget califor-
nien de la France républicaine fournit également
une grande part aux fonds secrets, dont vainement, depuis douze mois, on attend les rende-
ments de compte. Les commissaires ordinaires et
extraordinaires envoyés en province, perçoivent
chaque jour, à titre d'honoraires, une somme de
40 francs.

Or, il y a tel département, celui de l'Yonne
par exemple, qui jouit de la présence de trois

commissaires. Trois fois 40 francs par jour produisent 120, qui donnent 3,600 francs par mois, soit 43,200 francs par an.

Sous l'infâme monarchie, le préfet de l'Yonne touchait un traitement de 15,000 francs ; la différence perçue en plus par les préfets de la république est donc de 28,200 francs... *O comedianti !*

Nous pourrions pousser très-loin ce calcul ; mais à quoi bon ? Condamnés par les honnêtes gens de tous les partis, réprouvés par l'opinion publique, ces hommes, qui ont trompé la France, ne sont-ils pas suffisamment peints par eux-mêmes au grand jour, sous le soleil de Dieu, qui *ne les veut pas ?*

CHAPITRE II.

Nous arrivons aux dernières pages de ce petit livre, aux derniers traits de ce tableau ; quelques lignes encore, plus qu'un seul coup de crayon, et notre tâche est terminée. Cependant, à la vue des excès de l'aberration révolutionnaire, le découragement s'empare de nous ; notre plume, salie au contact des choses honteuses, notre pinceau, émoussé dans la fange des passions, tremblent en notre main.

Amour de la patrie, donne-nous le courage d'achever cette imparfaite ébauche, et, dussions-nous périr à la peine, aide-nous à parvenir au but que nous nous sommes tracé. — La parade continue : les cabotins de la veille posent sur les traiteaux en compagnie des Bilboquet du lendemain, et il faut convenir qu'ils sont infiniment moins amusants que les Debureau des Funambules.

Voyez-les paradant aux pieds de l'Arc de l'Étoile, ce magnifique temple de granit dédié aux gloires françaises : ils jouent à l'empereur, ils distribuent des drapeaux aux légions de la garde nationale et aux régiments de l'armée, ces régiments qu'ils avaient chassés la veille, et qu'ils convient aujourd'hui *incognito*, par contrebande, à la fête de la Fraternité. Quatre cent mille soldats défilent devant eux et saluent de leurs hourras des hommes qu'ils proscriront, chasseront, emprisonneront ou dépouilleront demain. Pauvre France !

Voyez-les accroupis dans les journaux qu'ils fabriquent ou qu'ils commanditent ; ils ont fait de la presse un bazar de fausses nouvelles, un entrepôt de canards à l'usage de leurs crédules lecteurs. Chargés d'entretenir le feu sacré de la révolution, ils allument les quatre coins de l'Europe. Tantôt c'est la Belgique qui, après s'être débarrassée *de son tyran*, s'est proclamée en république ; tantôt c'est Vienne qui proclame la liberté démocratique sur les débris fumants du palais de ses empereurs ; aujourd'hui la république se réveille à Berlin, demain soir elle couchera à Varsovie, puis après s'être promenée victorieuse en Allemagne, elle ira généreusement hurler la *Marseillaise* sur le tombeau du czar, qui sera mort empoisonné ou assassiné dans une émeute militaire.

Cette tactique, qui n'est pas neuve, nous rappelle les vers suivants, qui remontent à 1793 ; ne dirait-on pas qu'ils ont été fabriqués pour le lendemain de la révolution de février ?

Dans mon journal j'annoncerai lundi
L'heureuse mort du tyran de l'Espagne.
Je veux annoncer le mardi,
De grands troubles en Allemagne
Mes lecteurs sauront mercredi
Que Catherine a terminé sa vie,
Comme un fait sûr je dirai le jeudi
Que l'on a détrôné le tyran de Turquie.
Sans peine, je puis vendredi
Faire mourir le très-saint père.
Je réserve pour samedi
Une révolte en Angleterre.
Et comme il faut que par un coup d'éclat
Ma semaine finisse et couronne mes peines,
Dimanche je dirai que chaque potentat
Perdra la vie avant quatre semaines.

Dans tous les temps et chez tous les peuples les révolutionnaires ont été les mêmes, et, disons-le bien bas entre nous, en famille, c'est presque toujours la France qui a eu le talent de l'invention et le mérite de l'initiative. Cela vient sans doute de l'immense autorité que notre patrie exerce à l'étranger. Depuis longtemps les nations civilisées, habituées à s'accorder sur elle, ont fait de la France le diapason de l'Europe. La France est à l'Europe ce que Jupiter était à l'Olympe. L'Olympe tremblait quand Jupiter fronçait le sourcil, il suffit d'un éternument de la France pour révolutionner l'Europe. Voyez en effet ce qui s'est passé et ce qui se passe encore autour de nous depuis les journées de février. Il faut la haute sagesse du roi des Belges aidée par l'amour et la raison de son peuple pour éviter les éclaboussures de nos boues démocratiques délayées dans le sang des barricades. Il faut les raisons frappantes du bâton des constables pour repousser les efforts des chartistes anglais et de leurs alliés de France déguisés en John Bull. Berlin, Vienne, Francfort, Prague, Naples, Milan, Palerme et Rome, se décalquant sur Paris, creusent à leur tour et déchirent avec le fer de l'insurrection les entrailles des vieilles sociétés pour chercher dans le vide des idées nouvelles les mystères dangereux de l'inconnu. Et remarquez l'étrangeté des similitudes ! Dans ces capitales, ainsi que dans celle de la France, la révolution procède de la même manière pour arriver aux mêmes conséquences.

Le 23 février une balle de pistolet, traîtreusement déchargé contre le poste de l'hôtel des Capucines, cimente sur les cadavres des citoyens le sinistre crépuscule de la République proclamée à huis clos quelques jours après.

A Francfort, l'assassinat du prince Félix Lindnowsky, le meurtre du général d'Auerswald donnent le signal de l'insurrection. Les actes d'une férocité inouïe président au massacre de ces malheureuses victimes lâchement immolées, alors qu'elles se promènent à cheval sur les boulevards de la ville. Ces généreux martyrs succombent sous le poignard de scélérats obscurs pour avoir osé manifester au sein de l'Assemblée de Francfort des principes d'ordre et de conservation. L'acharnement des assassins est tel que les cadavres mutilés cherchent vainement un abri dans la sainteté de la tombe.

A Pesth, le poignard fanatique d'un étudiant, s'élevant au-dessus du droit des gens respecté par les peuples les plus barbares, atteint en pleine poitrine le comte de Lamberg, commissaire de l'Autriche, et chargé par l'empereur de traiter avec la révolution hongroise. Son titre sacré de parlementaire, bien loin de le protéger, devient pour lui un arrêt de mort.

A Vienne, le ministre de la guerre, le comte Baillet de Latour, trouvé caché dans les combles de son hôtel, demande en vain grâce pour sa vie ; vainement il invoque son âge, son nom de Français : il est impitoyablement égorgé ; son cadavre, horriblement mutilé, est ignominieusement pendu à une lanterne, qui le rend ensuite à la rage populaire pour le faire servir de fondement aux premières barricades de la révolution.

Dans le duché de Bade, un brave général, le baron de Gagern, désirant épargner le sang des hommes dont il déplore l'égarement, s'avance vers eux en qualité de parlementaire : sa voix émue leur fait entendre le langage de la raison, exprimé par les élans sympathiques du cœur. Vains efforts ! Une balle fratricide le frappe au cœur : il tombe pour ne plus se relever. C'est par de tels faits que les révolutionnaires débutent en Allemagne, aux accords d'un chant de guerre fait par l'étranger contre eux. Au nom de la liberté qu'ils souillent, au nom de l'égalité qu'ils outragent, au nom de la fraternité qu'ils prostituent, ils s'engagent dans une série de forfaits accompagnés des circonstances les plus atroces et qui n'ont pas même l'excuse de l'entraînement politique.

Non, rien ne saurait justifier l'horreur de ces assassinats consommés à froid, systématiquement, sans motif, sans but même ; rien ne saurait faire excuser les hommes qui s'en sont rendus coupables, si ce n'est que le vent qui soufflait de la Montagne de France les avait rendus fous.

Un crime plus horrible encore, et surtout plus inutile, préludant aux émeutes partielles de Prague, a choisi pour première victime une femme, un ange plutôt ; un ange de douceur et de bonté, la compagne aimée du prince de Windisch-Graetz.

Épargnée par la mort et sauvée par le sublime dévouement de sa noble mère, la princesse de Schwarzenberg, morte martyre de l'amour maternel, une nuit de bal, dans les flammes des salons de l'ambassade d'Autriche à Paris ; cette infortunée princesse était fatalement condamnée à mourir de mort violente. En effet, une balle perfide dirigée contre elle vint l'atteindre derrière les rideaux de sa croisée, alors qu'elle s'oubliait pour suivre du regard les mouvements de son mari. La même balle, mortelle pour elle, blessa son fils.

La mort de sa femme, la blessure de son enfant n'ébranlèrent point le mâle courage du prince Windisch-Graëtz. L'illustre général, déposant sur l'autel de la patrie les douleurs de son âme, se dirigea seul vers la foule révoltée et lui fit entendre ces magnifiques paroles : « Frères, vous venez de » tuer et de blesser ce que j'avais de plus cher au » monde, vous avez assassiné ma femme, vous » avez blessé mon enfant ; eh bien ! moi, couvert » du sang des miens, je vous pardonne. Frères, » voici ma main ; mais, au nom de la patrie, qui » déplore votre égarement, et que votre égarement » pourrait plonger dans les plus grandes catastro- » phes, je vous adjure de rentrer dans l'ordre ; » car dans l'ordre se trouvent votre salut et celui » de l'Autriche. »

A cette noble voix la populace répond par un cri de colère ; comme l'hyène la populace s'enivre à la vue du sang. Vainement le général l'engage à se disperser, vainement la menace du soldat succède à la prière du chrétien, la populace s'élance sur l'intrépide prince, l'arrête et se dispose à le mettre à mort, lorsque tout à coup les grenadiers du poste voisin accourent à sa délivrance et le préservent du sort qui, plus tard à Paris, devait être celui du brave général Bréa.

O révolutionnaires, vous êtes superbes de courage quand la lame de votre poignard menace la poitrine nue de l'homme qui ne se défend pas! ô révolutionnaires, vous êtes splendides d'énergie, lorsque vous vous abattez en nombreuse volée sur un cadavre! ô révolutionnaires, vous êtes sublimes de vérité, parole d'honneur, lorsque vous vous déshabillez ainsi pour poser à nu dans l'histoire!... Quels modèles, grand Dieu!... il n'est pas surprenant que leur laideur ait fait peur à l'art! Du Nord passons au Midi : même fièvre, même folie, mêmes hommes, même crime! Les révolutionnaires ne connaissent qu'un seul devoir : l'*émeute;* qu'une seule maxime : *Tous les moyens sont bons ;* qu'un seul instrument : le *poignard.*

A Rome le stylet d'un obscur assassin étouffe dans le sang du ministre Rossi la pensée intelligente qui pouvait préserver le trône de saint Pierre et la tiare de Pie IX des malheurs sans nombre qui, plus terribles que les derniers débordements du Tibre, ont inondé la ville éternelle. Il faudra bien des jours, il faudra bien des rayons de soleil pour enlever et sécher les traces de boues immondes que les théories de Mazzini ont amoncelées du Capitole au Vatican; il faudra bien des adorations pour faire oublier au vicaire du Christ l'excès d'ingratitude qui l'a jeté du Quirinal à Gaëte; il faudra bien des fouilles dans le sol pour réparer les vides creusés par la misère ou le vol dans les plus riches musées du monde.

A Florence, mêmes fautes, même vice de cœur, même déloyauté : les meneurs de révolution parviennent à chasser du palais Pitti le duc souverain, le bienfaiteur qui a tout fait pour assurer le bonheur et la liberté des hommes que, dans la voix de son cœur aimant, il appelle ses enfants. L'émeute triomphante à Parme tend la main à Modène, et ces deux capitales, veuves de la présence de leurs souverains, célèbrent malgré elles la tyrannique puissance d'une infime minorité qui leur impose un joug odieux.

Naples seule résiste aux tentatives réitérées de l'esprit démagogique et aux leçons des professeurs *de barricades* en train de faire le tour de l'Europe... : le roi Ferdinand n'est pas prince à plier le genou devant les exigences des factions, il connaît l'histoire de son auguste famille, il sait qu'un jour Louis XVI, son infortuné parent, a dû changer sa couronne royale contre la couronne du martyre; Ferdinand roi de Naples repousse de son front de semblables destinées; il ne veut pas, lui aussi fils de saint Louis, que l'échafaud régicide lui serve de marchepied pour monter au ciel. Pour son peuple, qui l'aime, et pour lui-même, le roi Ferdinand a raison.

Revenons en France... Faisons justice en passant de ces listes de récompenses nationales, fabuleux assemblage de noms infâmes accolés à des noms justement honorables.

Déchirons ces pages honteuses où le vol et l'assassinat tendent la main pour recevoir la récompense que la patrie ne doit accorder qu'à la vertu. Fermons nos regards à la vue et notre oreille à la voix trop nombreuse des colporteurs qui débitent les poisons du socialisme distillés dans l'encre impure de la démocratie. Les noms les plus abhorrés leur servent d'étiquette : ici c'est le *Père du Chêne*, là c'est l'*Accusateur public*, plus loin le *Journal de la Canaille* heurte celui de la *Guillotine*, la *République rouge* fait ombre à l'*Ami du*

Peuple du citoyen Raspail. Le *Chourineur*, . .
. . . .
et cent autres encore complètent la collection de
ces feuilles ignobles répudiées même par la pudeur des halles et le bon sens des abonnés de
Paul Niquet. . . . .
. . . .
Passons vite, plus vite encore, car il pleut du sang
dans les rues de Paris... La balle de l'insurrection barricadée part à coup sûr et fait de vastes
trouées dans l'armée de l'ordre... Que de victimes, grand Dieu ! que de crimes en quelques jours !
La civilisation a dépassé les dernières limites de
la barbarie. Traversons vite les sinistres journées
de juin pour arriver au 10 décembre. La voix de
Dieu a retenti dans l'urne du vote universel, et il
en est sorti un nom qui devient une ancre d'espérance entre le naufrage et le salut, entre l'abîme
et le port...

Le peuple de la France a fait justice des impuissants qui, trop longtemps ont pesé sur les destinées de la patrie ; le peuple de France, après
avoir subi les épreuves de mille volontés diverses, convergeant à mille déceptions ; le peuple,
lassé, dégoûté, repu des hommes de la veille, s'en
est remis à la prudence d'*un seul*, et il s'est réfugié dans la valeur traditionnelle d'un nom représentant l'ordre et la sécurité publics.

Pourquoi le peuple s'en est-il remis à un seul ?
Parce que lorsque la société est attaquée l'unité
de la pensée devient indispensable pour imprimer
à temps à l'unité de l'action l'unité du mouvement. Ce système unitaire est vieux comme le
monde ; le premier roi a été le premier père
de famille, et cette institution politique est tellement indispensable que les républiques elles-mê-

mes ont dû y recourir dans les phases critiques
de leur histoire. La dictature en fait foi.

Les grands mots de *chose publique* sont sonores
et pleins d'illusion. Les charlatans politiques ont
toujours jonglé avec les mots, jamais avec les
idées... Quand leur adresse a subtilisé la multi-
tude, ils renversent l'idole pour s'en approprier
l'offrande et l'encens.

Ouvrez l'histoire, feuilletez les siècles, vous
verrez toujours les mêmes hommes et les mêmes
fautes, les mêmes jongleries et les mêmes tours;
c'est l'égalité républicaine de Rome avec les varia-
tions de ses chevaliers, de ses patriciens, de ses
plébéiens, de ses affranchis et de ses esclaves.
C'est la Rome républicaine dépeçant le monde avec
les griffes de ses aigles et acculant les nations aux
pôles jusqu'à ce que le reflux l'engloutisse sous les
débris de sa fabuleuse puissance.

C'est l'égalité républicaine d'Athènes et de
Sparte forçant Aristide à écrire son nom sur la
coquille, Socrate à boire la ciguë, Léonidas à
partir pour les Thermopyles. Dans les gouvernements populaires, quels sont les hommes recom-
mandables par leurs talents ou leurs vertus, par
leur supériorité, qui ne soient pas morts dans l'exil,
dans la fosse, aux carrières, qui n'aient pas suc-
combé dans les étreintes convulsives du poison
ou sous la hache du bourreau?

Le système unitaire infiniment moins agité offre
infiniment plus de sécurité, surtout lorsqu'il re-
pose sur l'hérédité. Quand le sommeil des nations
n'est pas celui de l'esclavage, le bonheur des peuples n'en est que plus certain.

Ce bonheur-là, ô peuple de la France, n'a-t-il
pas entièrement abandonné le seuil de tes foyers
domestiques depuis qu'on t'a rendu *parfaitement*

libre ? Les mots sonores, monnaie creuse qu'on t'a donnée en échange des 45 centimes, ont-ils doublé la somme de ton bien-être ? La trente-cinq millionnième parcelle de royauté dont on a paré ta majesté, a-t-elle augmenté ta puissance en raison des sacrifices qu'elle t'a imposés ? O peuple, jusques à quand te laisseras-tu séduire par les fallacieuses paroles des flatteurs qui t'encensent pour mieux te tromper.

Le jour des élections générales approche ; tu vas donc être appelé à remplir de nouveau les devoirs de ta souveraineté. Juge par les portraits peints d'après nature, que nous venons de mettre sous tes yeux, si les révolutionnaires sont dignes de ton suffrage.

Regarde si les partisans rouges des doctrines nouvelles qui, pour refaire la société, voudraient la jeter dans le chaos, sont de force à cicatriser les plaies de la patrie. Les destinées de la France sont en tes mains, ô peuple, elles dépendent de ta volonté ; décide si la France doit vivre ou mourir. Si tu veux qu'elle vive, choisis pour ton représentant le véritablement bon citoyen. Mais comment le reconnaître, cet homme ? A ces signes, qui sont infaillibles : Le bon citoyen, c'est l'homme qui, croyant en Dieu, suit les préceptes de la religion ; c'est l'homme doué de bonnes mœurs, c'est le bon père, le bon fils, le bon époux ; c'est l'homme qui repousse les paradoxes astucieux et mensongers des apologistes de Marat et de Robespierre. Ne le cherche pas dans les rangs des socialistes démocrates, parmi les habitués des clubs incendiaires, parmi les abonnés souteneurs des feuilles subversives qui s'acharnent contre la société qui n'a d'espoir qu'en toi. Tu reconnaîtras enfin le bon citoyen, ô peuple, lorsqu'à ton *qui vive?* il répondra : Religion, famille et propriété.

Plus qu'un mot, ô peuple!... Le lendemain de ton triomphe, que je t'annonce pour certain, mais le lendemain seulement tu jetteras le voile de l'oubli sur ces pages, pour que tu n'aies plus à maudire le nom des hommes que tu auras jugés... Leur règne alors sera fini, car la volonté de *Dieu qui ne les veut pas* sera faite.

FIN.

www.ingramcontent.com/pod-product-compliance
Lightning Source LLC
Chambersburg PA
CBHW061303060726
47596CB00002B/734